Le match de Thomas

Nicolas Boyer

hachette
FRANÇAIS LANGUE ÉTRANGÈRE

hachettefle.fr

CW00518544

Dans la même collection :
La nuit blanche de Zoé de Mirela Vardi, niveau A1
Le match de Thomas de Nicolas Boyer, niveau A1
Rémi et le mystère de Saint-Péray d'Annie Coutelle, niveau A1

Le blog de Maïa d'Annie Coutelle, *niveau A1/A2*
Thomas et la main jaune d'Éric Vattier, *niveau A1/A2*
Rémi et Juliette de Léo Lamarche, *niveau A1/A2*

Julie est amoureuse de Michel Guilloux, niveau A2
Julie et le bateau fantôme d'Adam Roy, niveau A2
Nico et le village maudit d'Henri Lebrun, niveau A2

Maxime et le canard de Patrick Dannais, niveau B1
Emma et la perle blanche de Danièle Hommel, niveau B1
Lucas sur la route de Léo Lamarche, niveau B1

Couverture : Anne-Danielle Naname
Conception graphique et mise en pages : Anne-Danielle Naname
Illustrations : Denis Viougeas
Mise en couleurs des illustrations : Isabelle Glenaz
Rédaction des activités et secrétariat d'édition : Cécile Schwartz

ISBN : 978-2-01-155681-3
© HACHETTE Livre 2009, 43, quai de Grenelle, 75905 Paris CEDEX 15.

Tous les droits de traduction, de reproduction et d'adaptation réservés pour tout pays. La loi du 11 mars 1957 n'autorisant, aux termes des alinéas 2 et 3 de l'article 41, d'une part, que « les copies ou reproductions strictement réservées à l'usage privé du copiste et non desti-nées à une utilisation collective » et, d'autre part, que « les analyses et les courtes citations » dans un but d'exemple et d'illustration, « toute représentation ou reproduction intégrale ou partielle, faite sans le consentement de l'auteur ou de ses ayants droit ou ayants cause, est illicite » (Alinéa 1 de l'article 40). Cette représentation ou reproduction, par quelque procédé que ce soit, sans autorisation de l'éditeur ou du Centre français de l'exploitation du droit de copie (20, rue des Grands-Augustins, 75006 Paris), constituerait donc une contrefaçon sanctionnée par les articles 425 et suivants du Code pénal.

Sommaire

Chapitre I
Un nouveau au collège

Dans la cour de récréation, le directeur appelle un à un les élèves :

– Cinquième 2 ! Ajard Sylvie…, Boyer Charlotte…, Crouse Thomas…

C'est moi. Je traverse la cour. J'ai le cœur qui bat fort ! Le jour de la rentrée, c'est un jour spécial. Je suis content et en même temps un peu inquiet[1]. J'ai plein de questions dans ma tête : quels profs je vais avoir ? qui va être dans ma classe ?…

– Micquel Éva…, N'Dyaye Kofi…, Noujbel Leïla…

Kofi et Leïla courent jusqu'à moi.

– Génial, on est dans la même classe ! dit-elle.

– Chut… écoute la suite.

– Pradel Léo… Renoir Rémi…

Ouf ! Rémi est dans notre classe. Tous les quatre, nous sommes copains depuis l'école primaire. Les gens nous appellent les « inséparables[2] » !

– Léo Pradel, je ne le connais pas. C'est un nouveau ? demande Kofi.

– Pradel… Pradel… ça me dit quelque chose… dit Leïla.

Notre professeur de français s'appelle monsieur Gilot. Il marche lentement d'un côté à l'autre de la classe. Avec sa voix grave, il a l'air un peu sévère.

---

1. Inquiet : avoir peur.
2. Inséparables : ils sont toujours ensemble (on ne peut pas les séparer).

Il nous donne d'abord notre emploi du temps[3], puis nous parle du programme[4] de français.

– Voici l'objectif[5] de cette année, dit-il : apprendre à bien s'exprimer, à l'oral et à l'écrit. Vous allez vous présenter devant vos camarades.

Je regarde Leïla d'un air inquiet. Je chuchote[6] :

– Aie, aie, aie ! Ça commence mal, parler en public, je déteste ça !

Monsieur Gilot continue :

– Commençons tout de suite. Alors, jeune homme, tu as des choses à dire à la classe ?

---

3. L'emploi du temps : le planning des cours de la semaine.
4. Le programme : les projets de travail pour l'année.
5. Un objectif : un but.
6. Chuchoter : parler à voix basse.

Comment t'appelles-tu ?

– Moi ?!?... Ben... euh... ben... Je m'appelle Thomas... Thomas Crouse... euh...

– C'est le fils de Tom Cruise, lance quelqu'un.

– Ah ah ah !

Tous les élèves éclatent de rire. Je deviens tout rouge.

– Silence ! Alors, Thomas, quels sont tes loisirs[7] préférés ?

– Euh... ben... je sais pas moi... Enfin si euh... j'aime bien le cinéma, et euh... j'aime bien le foot, euh... enfin... seulement dans les jeux vidéo. Voilà quoi...

Nouvel éclat de rire général.

– Taisez-vous ! Bien... Merci Thomas, mais sans les « euh... ben... euh », c'est encore mieux. Et maintenant, aux autres de se présenter.

Leïla parle alors de sa passion[8] pour le journalisme sportif. Kofi, du rap et du foot, et Rémi, de la photo... et du foot, bien sûr. Puis monsieur Gilot interroge le nouveau :

---

7. Un loisir : une activité sportive ou culturelle pratiquée en dehors de l'école.

8. Une passion : un intérêt fort pour une activité.

– Je m'appelle Léo Pradel, mes parents habitent le village depuis un mois, parce que les grandes villes, c'est trop stressant[9]. Mon père travaille à Lyon, ça va, ce n'est pas très loin d'ici et puis il a une très bonne voiture ! dit-il très sûr de lui[10].

Léo parle bien, sans des « euh et ben » à chaque phrase. Il porte des habits de marque[11], tout neufs. Il est super à la mode. Tout le monde est impressionné[12].

---

9. Stressant : angoissant.

10. Être sûr de soi : avoir confiance en soi.

11. Des habits de marque : des vêtements de qualité ou avec des noms dessus.

12. Impressionné : surpris, épaté.

– Et quelles sont tes passions ? demande monsieur Gilot.

– Je danse très bien la tecktonik[13] et j'adore le football.

– Merci Léo, et bravo pour cet exposé très clair. Toute la classe semble partager une même passion : le football !

Un doigt se lève.

– Oui Leïla, tu as une question ?

– Oui, à Léo. Pradel, c'est bien ton nom ? Le présentateur de *Télé-foot* s'appelle comme toi, c'est ton père ?

Toute la classe se met à rire très fort.

– Chut ! Laissez répondre votre camarade, dit monsieur Gilot.

– Oui, c'est bien mon père.

Après ces mots, un grand silence se fait dans la classe.

---

13. La tecktonik : une danse.

Chapitre 2

Thomas est seul

Fin septembre. Les grandes vacances sont déjà un lointain souvenir. Léo, le nouveau, c'est la star de la classe. Et même du collège ! Il a tout pour lui[1]. Il est bon élève, il est à l'aise[2] avec les filles, il parle bien, sans faire des « euh » et des

---

1. Avoir tout pour soi : réussir tout ce que l'on fait.
2. Être à l'aise : être confiant, sûr de soi.

« ben », il s'habille super à la mode. Et en plus, c'est le fils de Pradel, le célèbre[3] présentateur de la télé ! Les autres veulent tout faire comme Léo ! S'habiller comme lui, écouter la même musique. Moi, je ne fais pas comme les autres, je suis nul en foot et la tecktonik, c'est pas mon truc[4]. C'est pas mon truc et puis c'est tout ! Pendant les récrés, les garçons et les filles de la classe jouent au foot. Moi, je ne joue pas, je les regarde. Et au foot, le meilleur c'est Léo bien sûr... Je ne suis pas jaloux[5] mais quand même il m'énerve juste un peu !

Même Leïla commence à être fan de Léo.

– Dis Léo, demande-t-elle, ton père, il connaît Zidane ?

– Bien sûr, il le connaît. Moi aussi je connais Zidane, il vient parfois manger à la maison le dimanche.

– Zidane, chez toi ? Dans ta maison ? Tu veux dire dans notre village ?!

– Il parle peut-être d'un autre Zidane ! dit Rémi Le vrai Zidane, c'est pas possible !

---

3. Célèbre : connu.

4. C'est pas mon truc ! (fam.) : je n'aime pas ça.

5. Jaloux : vouloir être comme l'autre ou avoir envie des mêmes choses.

– Si, si c'est possible… répond Léo très calmement. Je parle bien de Zinédine Zidane, le vrai, l'unique, l'ancien numéro 10 de l'équipe de France et du Real Madrid.

– Ouah ! Trop cool[6] ! Tu as de la chance, Léo.

Moi, je ne dis rien… Leïla veut devenir journaliste sportive, d'accord, mais bon, Zidane, c'est pas le président de la République quand même !

C'est bien simple, quand Léo parle, c'est génial, quand Léo joue au foot, c'est super… Et tout est comme ça. Tiens, par exemple, depuis une

---

6. Trop cool ! (fam.) : très bien. *Trop* est ici employé à la place de *très*.

semaine Léo porte une casquette bleue à l'envers sur la tête. Eh bien ce matin, dans la cour, je compte une, deux, trois… sept casquettes bleues ! Non, huit ! La huitième casquette bleue est sur la tête de… Kofi ! Un vrai copié-collé[7] de Léo. Même pantalon, mêmes chaussures, même blouson et maintenant même casquette.

– Tu es le nouveau du fan club de Léo, toi aussi ? je lui dis pour rire.

Kofi me regarde furieux[8] :

– Reste habillé comme un gamin[9], c'est ton problème !

Puis il rejoint le groupe de Léo. Ils sont là, tous autour de leur star et Léo danse sa tecktonik.

Jeudi, ça se passe mal avec Rémi ! Le soir, on rentre ensemble et on joue au ping-pong chez lui. Mais aujourd'hui il marche devant moi, le casque[10] sur les oreilles.

– Rémi !

Il ne m'entend pas. Je cours vers lui.

---

7. Un copié-collé (fam.) : le même.

8. Furieux : très en colère.

9. Un gamin (fam.) : un petit garçon.

10. Casque : appareil placé sur les oreilles pour écouter de la musique.

– Hé Rémi, tu rentres avec moi ?

– Ouais ouais, si tu veux….

Et il remet le casque de son MP3. Je lui demande :

– C'est quoi ta musique ?

Pas de réponse. Il n'entend pas. Je répète plus fort, je crie presque :

– Ta musique là, c'est quoi ?

– C'est de la teckno !

Devant la porte de sa maison, Rémi me tend la main pour me dire au revoir.

– Et notre ping-pong ? je demande.

– Oh non pas ce soir, je n'ai pas envie.

Rémi ferme la porte. Je reste un moment devant la porte fermée et je rentre chez moi, un peu triste.

Pourquoi Leïla, Kofi, Rémi et les autres changent-ils ? Pourquoi tout est différent aujourd'hui ?

Ce soir-là, pendant le dîner, maman me dit :

– Qu'est-ce qu'il y a Thomas ? Tu ne manges rien, tu n'as pas faim ?

– Non.

– Tu as des soucis[11] au collège ? Tu as l'air triste.

– Non, non, ça va, je suis un peu fatigué, c'est rien, ne t'inquiète pas !

---

11. Un souci : un ennui.

Reste toi-même !

Le lendemain matin pendant la récréation, je reste dans mon coin. Leïla vient vers moi.

– Qu'est-ce qu'il y a Thomas ?

– Regarde Kofi et Rémi, je ne les reconnais plus ! Quand je pense aux « inséparables », tu parles[1] !

---

1. Tu parles ! (fam.) : je n'y crois pas.

– T'inquiète pas, ça va passer… Va jouer au foot avec eux, au lieu de rester tout seul.

– Au foot ? Je suis bon dans les jeux vidéo, c'est tout !

– Deviens un vrai gardien. Tu es grand, tu as des réflexes[2] ! Tu vas y arriver, c'est sûr.

– Tu crois ?

Bon, si Leïla le dit… Elle est toujours de bon conseil[3].

À la récré de midi, j'arrive au moment où ils font les équipes. Quand je m'approche, ils se retournent tous vers moi.

– Je peux jouer ?

– Trop tard ! Les équipes sont faites, dit Rémi.

– Laissez-le jouer ! dit Léo. Prenez-le dans votre équipe, ça fait un de plus pour vous… Nous, on s'en fiche[4], on est les meilleurs !

– Euh… je veux bien être gardien.

– Fais attention à Léo, il marque plein de buts ! dit Leïla.

---

2. Un réflexe : une réaction, un geste rapide.

3. Un conseil : dire à quelqu'un de faire quelque chose pour l'aider.

4. On s'en fiche ! (fam.) : on n'a pas besoin de toi.

– Et toi Kofi, t'es dans mon équipe ?

– Non moi je suis avec les vainqueurs[5] ! dit-il, moqueur[6].

En effet, ça commence mal. Après dix minutes de jeu, l'équipe de Léo et de Kofi gagne avec deux buts à zéro ! Deux buts de Léo bien sûr. Notre équipe réagit, mais nous ratons[7] une belle occasion, le ballon touche le poteau ! Le match continue : Léo court vers moi, je me mets bien en face, pour attraper le ballon, il tire et…

PAF !!!

---

5. Un vainqueur : celui qui gagne, le meilleur.

6. Moqueur : rieur, malicieux.

7. Rater : ne pas réussir.

Quand j'ouvre les yeux, je suis allongé par terre, je ne vois plus rien. Il y a du monde autour de moi, tout est flou[8]. J'entends la voix de Leïla au milieu du brouhaha[9] :

– Thomas ! Thomas ! Ça va ?

– Euh, pas très bien...

– Tiens tes lunettes. Elles sont cassées.

– Merci pour tes conseils ! je lui dis, un peu énervé.

– Tu rigoles[10] ? Super, l'arrêt du gardien !

Le soir, à la maison, mes parents sont inquiets. Sans lunettes, je ne peux pas suivre les cours.

– Samedi, nous allons t'acheter de nouvelles lunettes, dit mon père. En attendant, prends les anciennes, celles de l'école primaire.

– Hein ? Ah non ! Impossible ! C'est la honte !

– Thomas, c'est juste pour une journée ! dit maman.

Papa insiste :

– Reste toi-même mon Thomas. Et si les autres se moquent de toi, ignore[11]-les !

---

8. Flou : trouble, pas net.

9. Un brouhaha : un ensemble de bruits.

10. Tu rigoles ! (fam.) : tu n'es pas sérieux !

11. Ignorer : ne pas faire attention aux autres.

Le lendemain matin, avant de partir au collège, je me regarde une dernière fois dans le miroir. Aïe, aïe, aïe ! Quel look ! Je repense aux paroles de mon père : « ignore-les ».

Quand j'arrive au collège, tout le monde est déjà en classe. 8 heures 32 ! Zut, je suis en retard ! Je frappe doucement à la porte, j'entre et là, c'est l'éclat de rire général.

Dans ma tête, je me répète : « ignore-les, ignore-les, ignore-les ». Monsieur Gilot intervient :

– Silence. Je ne vois rien de drôle !

Silence général.

Toute la journée je me répète : « ignore-les, ignore-les ».

Vendredi soir, enfin en week-end. Ouf ! Mille fois ouf ! Je suis heureux d'avoir deux jours de repos après cette journée difficile !

– Alors mon Thomas, cette journée ? demande mon père au dîner.

– Horrible ! Mais merci pour la phrase magique : « ignore-les, ignore-les », je me sens plus fort.

Ce week-end-là, mes parents sont super sympas. Samedi matin, nous allons chez l'opticien[12]. Ma mère me dit : « Choisis les plus belles lunettes mon chéri. » J'essaie plein de paires. Je demande à l'opticien des incassables[13], pour le foot.

– Attendez jeune homme, je vous montre nos nouvelles lunettes « spécial sport ».

Je les essaie… Super !

Le dimanche, nous allons ramasser des framboises en famille dans les bois et nous préparons des confitures tous ensemble. C'est vraiment un super week-end en famille. Je me sens plus fort. Après tout, je suis comme je suis… Je reste moi-même, un point c'est tout !

---

12. L'opticien : la personne qui fabrique ou vend des lunettes.

13. Incassable : qui ne se casse pas, très solide.

 **Chapitre 4**

Le scoop

Lundi matin, j'arrive au collège, sûr de moi. Leïla me sourit :

– Magnifiques tes nouvelles lunettes !

– Merci Leïla !

Et j'ajoute, avec un clin d'œil :

– Incassables !

Les jours suivants, je me sens mieux. Je fais des progrès[1] au foot dans les buts. Avec mes nouvelles lunettes, je vois la vie autrement ! Mais Léo, lui, est différent, il a l'air triste. Quand ses copains lui demandent :

– Tu viens jouer au foot, Léo ?

Il répond :

– Non merci, pas aujourd'hui, et il écoute de la musique dans son coin.

Et tous les jours, c'est la même réponse : « Non merci, pas aujourd'hui. »

Je suis chez moi quand le téléphone sonne.

– Allô, bonjour c'est Leïla !

– Salut Leïla, quoi de neuf[2] ?

– J'ai un scoop[3], j'ai *Foot magazine* sous les yeux. Écoute : « Monsieur Pradel, le célèbre présentateur de *Télé-foot* est licencié[4]. Les raisons de cet événement blablabla… »

– Incroyable ! Alors c'est donc ça, le changement de Léo ?

– Il faut faire quelque chose, il faut l'aider.

– L'aider ? Il n'a pas besoin de moi, il a beaucoup de copains.

---

1. Faire des progrès : s'améliorer, être meilleur.
2. Quoi de neuf ? (fam.) : comment ça va ?
3. Un scoop : une information exceptionnelle.
4. Licencié : renvoyé de son travail.

– Allez, Thomas, je suis sérieuse. Léo est triste et il a besoin de nous.

Dans tous les journaux, on peut lire en gros titre : « licencié ». Et en dessous, il y a la photo du papa de Léo. La nouvelle[5] fait le tour du collège, tout le monde parle de ça. Petit à petit, les copains de Léo le laissent tomber[6]. Léo s'isole[7] de plus en plus : il n'est plus la star du collège. Leïla a raison, il faut l'aider. Mais comment faire ?

Il est 16 heures. C'est la fin des cours. Chacun se dépêche[8] de ranger ses affaires dans son sac.

---

5. Une nouvelle : une information.
6. Ils le laissent tomber (fam.) : ils ne s'intéressent plus à lui.
7. S'isoler : rester seul.
8. Se dépêcher : se presser.

En une minute, il n'y a plus personne dans la classe. Plus personne sauf Léo et moi. J'hésite un peu, je ne sais pas quoi lui dire...

Et au moment où Léo passe la porte, je me décide :

– Léo ?

Il se retourne, l'air étonné.

– Léo, juste une question : tu aimes la confiture de framboise « maison » et le chocolat chaud ?

– Tu te moques de moi ou quoi ?

– Non, pas du tout, je t'invite à goûter chez moi.

Gagné ! Léo sourit !

Devant les tartines et le bon chocolat, Léo commence à parler :

– Tu sais, depuis l'histoire de mon père, les autres me laissent tomber. C'est dur !

– Ils n'ont pas l'habitude de te voir triste.

– Le problème, c'est la célébrité. Ils ne sont pas copains avec moi parce que c'est moi, c'est juste parce que mon père est célèbre.

– Alors, tu as de la chance ! Maintenant, tu vas avoir de vrais copains !

Nous rions. Puis Léo devient sérieux.

– Toi, Thomas, tu es différent. Tu restes toi-même, tu ne fais pas comme tout le monde. En vérité, les autres te respectent[9]… En plus, ta confiture aux framboises est super bonne !

Dans la cour, les élèves de notre classe sont par petits groupes. Quand nous passons, tous les regards se tournent vers Léo et moi. Personne ne bouge.

Leïla nous rejoint :

– Il faut faire quelque chose ! Pour Léo, pour la classe : l'ambiance[10] est horrible. Il faut agir ! Et c'est à toi de le faire, Thomas.

– Moi ?

– Parle-leur, s'il te plaît.

– C'est incroyable, ça ! Personne ne s'intéresse à moi depuis le début de l'année et maintenant je dois « sauver » la classe ?

---

9. Respecter : accepter l'autre comme il est.
10. L'ambiance : l'atmosphère de la classe.

L'idée de Thomas

Chapitre 5

Au début du cours, monsieur Gilot prend la parole :

– Je suis très content de votre travail, vous faites des progrès. Mais depuis quelques semaines il y a une mauvaise ambiance dans la classe… Est-ce qu'il y a un problème ? Est-ce que l'un de vous veut parler ?

Silence général. Tout le monde baisse les yeux. Leïla me regarde. Mon cœur bat fort, j'hésite… et, tout à coup, sans réfléchir[1], je lève le doigt :

– Oui, Thomas ? Nous t'écoutons.

Je me lève et je prends la parole :

– Monsieur Gilot a raison, il y a une mauvaise ambiance dans la classe. Quand un élève a des problèmes, nous devons tous l'aider. Il ne faut pas le laisser tomber ! J'ai une idée pour notre classe : organisons un grand match de foot. Notre classe contre les grands de troisième. Ils sont plus grands, c'est vrai. Mais nous pouvons les battre ! Tous ensemble on est plus forts !

---

1. Réfléchir : penser avec attention.

– Hourra, génial, super !

Tous les élèves sont très contents.

– Bravo Thomas, très belle initiative[2]. Alors je te désigne capitaine de l'équipe et je propose à Leïla d'écrire l'article du match. Et qui veut prendre les photos ?

Des doigts se lèvent dans la classe.

– Hourra, super, génial…

Quelle ambiance !

Les troisièmes s'entraînent[3] sur le stade du collège. Avec Kofi, Rémi, Leïla et Léo nous les regardons jouer.

---

2. Une initiative : une idée.
3. S'entraîner : se préparer.

– Ouah, quelle équipe !

– Regarde le numéro 10, il est super technique[4].

– Oui technique et... physique aussi ! Observe un peu ses jambes, des vrais jambons !

– Aie, aie, aie, ça va faire mal !

– Allons, allons, courage[5]. Nous, c'est David, eux c'est Goliath. Le petit mange le gros !

– Ouais ouais, c'est ça !

– Étudions bien leur jeu pour réussir à les battre.

– Tu as raison, c'est bien d'y croire ! dit Rémi en rigolant.

À la fin de l'entraînement, le numéro 10 passe à côté de nous, il nous lance :

– Alors les petits cinquièmes, vous apprenez l'art du foot ?

– C'est vrai, vous jouez très bien.

– Et on veut faire un match contre vous ! dit Léo.

– Un match ? Ah, ah ah ! C'est une blague ou quoi ?

– Non, c'est très sérieux.

– Alors d'accord. Mercredi, dans quinze jours, au retour des vacances, 13 heures ici, ça vous va ?

– D'accord.

– Et préparez vos mouchoirs ! Le gardien de but surtout, ça va faire mal ! Ah, ah, ah !

---

4. Il est technique : il joue bien, il manie bien le ballon.
5. Avoir du courage : se battre avec fermeté.

Et il s'en va. Moi j'ai un peu peur quand même. Et dire que c'est mon idée ! On va se faire massacrer[6]...

Leïla, elle, est très motivée[7] :

– Nous avons quinze jours pour nous préparer. Je vous fais un programme d'entraînement ! Avec des passes, des tirs, des centres et des coups de pied au but en cas de match nul. Et aussi des footings pour l'endurance[8] !

– Eh, oh... ça va, doucement ! C'est les vacances ! dit Rémi.

– Allez les garçons ! On va gagner ce match !

---

6. Se faire massacrer (fam.) : se faire battre.
7. Motivé : très décidé.
8. L'endurance : la résistance à la fatigue.

 **Chapitre 6**

Tous ensemble

C'est aujourd'hui le grand jour. Leïla nous rappelle la tactique[1] pour les battre :

– Il faut défendre et jouer en contre-attaque ! Surtout, ne laissez pas le numéro 10 seul. Kofi, il est pour toi. Léo, toi, tu es notre buteur, alors, si on te passe le ballon, tu tires ! Rémi, tu dois faire de belles passes en avant à Léo. Et toi, mon grand Thomas, je te dis juste… euh… bonne chance !

Là, on éclate tous de rire. Ça fait du bien de rire avant d'entrer sur le terrain. Une heure moins cinq, nous sortons des vestiaires. Applaudissements du public, tout le collège est là : les élèves, les profs et même les parents. C'est la folie !

Mon cœur bat à une vitesse incroyable. Je n'arrive pas à mettre mes gants, je m'affole[2]. J'entends le coup de sifflet. Le match commence. Zut, Zut !

---

1. La tactique : la stratégie.

2. S'affoler : paniquer.

Et je vois le numéro 10 foncer vers moi comme une flèche, je jette mes gants à terre, il tire ! Un boulet de canon passe entre mes jambes... et but. Première action du match et déjà un but. La poisse[3] !

– Je suis désolé les amis, c'est ma faute.

– C'est pas grave, il reste quatre-vingt-cinq minutes pour égaliser, dit Leïla.

Le match ressemble à nos pronostics[4] : grande domination des troisièmes, et nous, tous en défense. Je n'arrête pas de crier à mes défenseurs :

– Attention, à gauche... danger à droite.

---

3. La poisse (fam.) : la malchance.
4. Les pronostics : les prévisions.

Ouf, c'est la mi-temps. 1-0. Dans les vestiaires, Leïla encourage l'équipe :

– Allez, un but d'écart, c'est rien. Vas-y Léo, tu peux égaliser, continuez les garçons, c'est bien.

La deuxième mi-temps commence comme la première. L'équipe des troisièmes est dans notre camp. Il y a beaucoup d'actions dangereuses, deux tirs sur les poteaux, et même une barre transversale[5]. Un vrai cauchemar ! Les minutes passent, toujours pas de buts, toujours 1 à 0 pour eux.

Dans mes buts, je crie à Leïla :

– Il reste combien de temps ?

– Cinq minutes, répond-elle sans espoir.

Je crie fort :

– Allez les gars ! C'est maintenant ou jamais ! Tous à l'attaque ! Moi je garde les buts.

Les cinq dernières minutes sont magnifiques. Kofi, Léo, Rémi et les autres se battent comme des lions. Et voici un tacle[6] superbe de Kofi, le ballon file dans les pieds de Rémi. Rémi court avec le ballon, dribble[7] un défenseur, il passe le ballon à Léo…

---

5. La barre transversale : la barre horizontale, au-dessus des buts.

6. Un tacle : un geste pour prendre le ballon à l'adversaire.

7. Dribbler : passer devant l'adversaire avec le ballon.

– Léo ! Léo ! Léo !

Le public crie son nom. Oh c'est dur d'être là et de ne rien pouvoir faire, seulement crier :

– Allez, allez les gars !

Léo est maintenant seul devant leur gardien, il tire et… BuuuuuuuuTTT !!!

Coup de sifflet final : un partout !

C'est l'épreuve des tirs aux buts. Le cauchemar des gardiens. Quel suspens[8] ! Kofi place le ballon, tire et… but. À eux maintenant. Je me concentre[9],

---

8. Le suspens : un instant d'attente.

9. Se concentrer : faire un grand effort d'attention.

coup de sifflet, leur numéro 7, un gros avec une tête de méchant, tire et… ah! Zut ! But pour eux. La série se termine. On a cinq, ils ont quatre. S'ils ne marquent pas ce but-là, la victoire est à nous. Je me place bien au centre, je remets mes lunettes et mes gants. Je regarde leur meilleur joueur, le numéro 10, droit dans les yeux. Il recule pour prendre son élan[10] et je le vois courir, courir vers moi à 100 km à l'heure et…

– Thomas ? Thomas ?

Je reconnais la voix de Leïla. J'ouvre les yeux et je vois les copains au-dessus de moi. Ils sourient tous.

– Hein ? Quoi ? Comment ? Où sont mes lunettes ? Je ne vois rien.

– Tiens les voilà tes lunettes, même pas cassées.

– Ah ? Et le match ? Le résultat, c'est quoi ?

– C'est nous, c'est nous les vainqueurs, grâce à ton arrêt… douloureux, mais exceptionnel !

– C'est chouette ça ! je réponds, encore un peu sonné[11].

---

10. Prendre son élan : faire un mouvement pour donner de la force à sa course.

11. Sonné (fam.) : étourdi.

Le lendemain en salle de classe, monsieur Gilot nous regarde avec un grand sourire :

– Je vous félicite[12] tous, quelle belle équipe vous faites ! Et quelle belle classe ! Merci à toi Leïla pour ton très bon article. Veux-tu nous le lire ?

Leïla prend la feuille, me fait un petit clin d'œil et commence :

– Titre : « Le match de Thomas... »

---

12. Féliciter : faire des compliments.

Activités

 Qui est qui ?
Associe les prénoms aux noms de famille.

Prénoms :

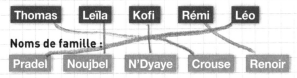

| Thomas | Leïla | Kofi | Rémi | Léo |

Noms de famille :

| Pradel | Noujbel | N'Dyaye | Crouse | Renoir |

 Qui sont les inséparables ?
1. Thomas, Leïla, Rémi et Léo
2. Kofi, Rémi, Leïla et Thomas
3. Éva, Rémi, Kofi et Leïla
4. Rémi, Thomas, Charlotte et Kofi

 Associe les personnages à leurs passions.

1. Thomas   **a.** la photographie
2. Leïla   **b.** la tecktonik
3. Kofi   **c.** le journalisme
4. Rémi   **d.** le rap
5. Léo   **e.** les jeux vidéo

Quelle passion partagent-ils tous ?
Remets les lettres dans l'ordre.
LOTABOLF _FOOTBALL_

 Comme Thomas et Léo, présente-toi.

Je m'appelle : Janice	J'aime : Football
Ma classe : Year 9	Je déteste : Maths
Mes loisirs : drawing	

5 **Vrai ou faux ? Justifie ta réponse.**

	Vrai	Faux
1. Monsieur Gilot est le professeur d'histoire.	☐	☒
2. Il a l'air très gentil.	☐	☒
3. Sa voix est grave.	☑	☐
4. Il porte des habits de marque.	☐	☑
5. Il veut apprendre aux élèves à bien s'exprimer.	☑	☐

Chapitre 2

6 **Fais le portrait de Thomas.**

Thomas…

adore : ....

déteste : ....

la mode – parler en public – jouer au ping-pong – faire comme les autres – la tecktonik – le cinéma

7 **Que signifient ces expressions ?**
Coche la bonne réponse.

1. « Léo a tout pour lui. »

a. Ses parents lui achètent tout ce qu'il veut. ◯

b. Il réussit tout. ◯

c. Il ne partage pas ses affaires. ◯

2. « La tecktonik, c'est pas mon truc ! »

a. Je ne connais pas la tecktonik. ◯

b. Je n'arrive pas à danser la tecktonik. ◯

c. Je n'aime pas la tecktonik. ◯

3. « Kofi est un vrai copié-collé de Léo. »

a. Kofi recopie les devoirs de Léo. ◯

b. Kofi est tout le temps à côté de Léo. ◯

c. Kofi s'habille comme Léo. ◯

Vrai ou faux ? Justifie ta réponse.

	Vrai	Faux
1. Thomas est jaloux de Léo.	☐	☐
2. Leïla est fan de Léo car il veut être journaliste sportif.	☐	☐
3. Thomas se moque de Kofi car il s'habille comme un gamin.	☐	☐
4. Rémi n'a plus envie de jouer avec Thomas.	☐	☐

Chapitre 3

 Remets l'histoire dans l'ordre.

1. À midi, Thomas les rejoint. Mais il est trop tard : les équipes sont faites.

2. L'équipe de Thomas rate une belle occasion : le ballon touche le poteau.

3. Le match commence. Après dix minutes de jeu, Léo marque le deuxième but.

4. Leïla lui conseille alors de jouer au foot avec les autres.

5. C'est la récré du matin. Thomas est tout seul, dans son coin.

6. Thomas réussit à arrêter le ballon de Léo.

7. Fin du match. Thomas se réveille : il est par terre et ses lunettes sont cassées.

8. Léo accepte de jouer avec Thomas. Il est gardien de but.

 Chasse l'intrus.

1. observer – ignorer – regarder – voir

2. rire – se moquer – jouer – éclater de rire

3. inquiet – triste – fatigué – impressionné

4. rater – réussir – gagner – arriver

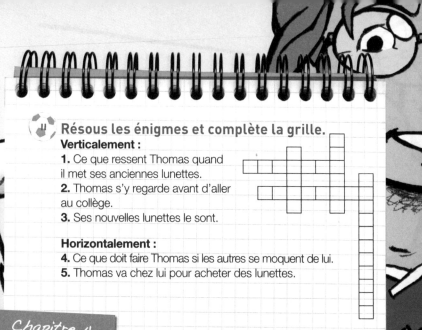

11 **Résous les énigmes et complète la grille.**

Verticalement :

1. Ce que ressent Thomas quand il met ses anciennes lunettes.

2. Thomas s'y regarde avant d'aller au collège.

3. Ses nouvelles lunettes le sont.

Horizontalement :

4. Ce que doit faire Thomas si les autres se moquent de lui.

5. Thomas va chez lui pour acheter des lunettes.

Chapitre 4

12 **Associe les mots de même sens.**

1. un scoop   a. être très connu
2. licencié   b. rester seul
3. la célébrité   c. une nouvelle
4. respecter   d. être renvoyé de son travail
5. s'isoler   e. apprécier quelqu'un

13 **Coche la bonne réponse.**

1. Avec ses nouvelles lunettes, Thomas voit la vie :
a. tristement. ◯
b. sérieusement. ◯
c. autrement. ◯

2. Dans *Foot magazine* il y a :
a. un scoop. ◯
b. la photo d'une star de foot. ◯
c. un article sur Léo. ◯

3. « La nouvelle fait le tour du collège » signifie que :
a. une nouvelle élève visite le collège. ◯
b. les journaux circulent au collège. ◯
c. tout le monde parle du scoop au collège. ◯

4. Léo est triste car :
a. Thomas veut l'aider. ◯
b. ses copains le laissent tomber. ◯
c. il n'aime pas la confiture aux framboises. ◯

5. Thomas invite Léo pour :
a. discuter et l'écouter. ◯
b. avoir un scoop. ◯
c. jouer au ping-pong. ◯

6. Selon Léo, les autres sont ses copains car :
a. il est différent. ◯
b. il reste lui-même. ◯
c. son père est célèbre. ◯

Chapitre 5

14. Des erreurs se sont glissées dans le discours de Thomas. Corrige-les.

Monsieur Gilot a raison, il y a une bonne ambiance dans la classe. Quand un élève a des problèmes, nous devons tous le laisser tomber. J'ai une idée : organisons un grand match de handball. Notre classe contre les grands de quatrième. Ils sont plus petits, c'est vrai.
Tout seul on est plus fort !

15. Vrai ou faux ? Justifie ta réponse.

	Vrai	Faux
1. Léo est le capitaine de l'équipe.	☐	☐
2. Les joueurs de troisième ont des jambes musclées.	☐	☐
3. Léo fait une blague au numéro 10.	☐	☐
4. Le numéro 10 s'appelle Goliath.	☐	☐
5. Thomas a peur de jouer contre les troisièmes.	☐	☐
6. Leïla va entraîner l'équipe.	☐	☐
7. Le match a lieu pendant les vacances.	☐	☐

Quel est le programme d'entraînement de Leïla ? Mets les lettres dans l'ordre.

1. SAPESS 2. RITS 3. TECENRS 4. FINOGOTS

 Quelle est la tactique de Leïla pour battre les troisièmes ?
1. « Tous à l'attaque ! »
2. « Défendez et jouez en contre-attaque. »
3. « Attendez et jouez en défense.

Chapitre 6

 Qui va faire quoi ? Associe les personnages à leur rôle pendant le match.

1. Thomas   a. écrit l'article du match.
2. Leïla   b. marque des buts.
3. Kofi   c. fait des passes en avant.
4. Rémi   d. surveille le numéro 10.
5. Léo   e. garde les buts.

 Retrouve dans la grille 15 mots du match.

N	Z	E	Q	U	I	P	E	E
I	U	B	A	L	L	O	N	G
R	T	M	S	T	O	T	P	A
D	R	I	B	B	L	E	R	L
A	C	T	I	O	N	A	C	I
G	A	E	O	S	B	U	T	S
A	M	M	E	L	A	N	I	E
N	P	P	A	S	S	E	R	R
T	S	S	I	F	F	L	E	T

 Trouve le mot mystérieux avec les 10 lettres qui restent.

Indice : Selon Thomas, le match ressemble à ce mot mystérieux.

Le mot mystérieux est : _____

20 Aide Leïla à remplir la feuille du match. Classe les actions des cinquièmes et des troisièmes.

Ils marquent le premier but – Il dribble un défenseur – Ils tirent deux fois sur les poteaux. – Il fait un super tacle. – Ils mènent 1-0 à la mi-temps. – Il marque un but à la fin de la deuxième mi-temps. – Il frappe sur la barre transversale – Le gardien repousse le ballon du cinquième joueur aux tirs aux buts. – Ils gagnent le match aux tirs aux buts (5/4).

Les actions des cinquièmes : ....

Les actions des troisièmes ....

21 Imagine la suite de l'article de Leïla.

....

....

....

22 Thomas s'entraîne à l'oral et commente le match. Retrouve ses expressions.

1. tirer   **a.** comme des lions
2. foncer   **b.** un boulet de canon
3. se battre   **c.** comme une flèche

23 Explique le titre de l'article de Leïla : « Le match de Thomas ».

....

....

....

Corrigés

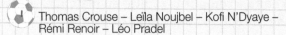

1 Thomas Crouse – Leïla Noujbel – Kofi N'Dyaye – Rémi Renoir – Léo Pradel

2 2

3a **1.** e – **2.** c – **3.** d – **4.** a – **5.** b

3b FOOTBALL

4 Réponse libre

5 **1.** Faux : c'est le professeur de français – **2.** Faux : il a l'air un peu sévère – **3.** Vrai – **4.** Faux – **5.** Vrai

6 Thomas aime : jouer au ping-pong – le cinéma

Thomas déteste : la mode – parler en public – faire comme les autres – la tecktonik

7 **1.** b – **2.** c – **3.** c

8 **1.** Vrai – **2.** Faux : elle est fan de lui car il connaît Zidane – **3.** Faux : il se moque de lui car il s'habille comme Léo – **4.** Vrai

9 5 – 4 – 1 – 8 – 3 – 2 – 6 – 7

10 **1.** ignorer – **2.** jouer – **3.** impressionné – **4.** rater

11

```
            M
      H     I
I G N O R E R
      N     O         I
    O P T I C I E N    N
      E     R         C
                      A
                      S
                      S
                      A
                      B
                      L
                      E
                      S
```

12 **1.** c – **2.** d – **3.** a – **4.** e – **5.** b

13 **1.** c – **2.** a – **3.** c – **4.** b – **5.** a – **6.** c

14 Monsieur Gilot a raison, il y a une *mauvaise* ambiance dans la classe. Quand un élève a des problèmes, nous devons tous *l'aider*. J'ai une idée : organisons un grand match de *football*. Notre classe contre les grands de *troisième*. Ils sont plus *grands*. C'est vrai. *Tous ensemble* on est plus fort !

15 **1.** Faux : c'est Thomas – **2.** Vrai – **3.** Faux : c'est le numéro 10 qui croit que la proposition de Léo est une blague – **4.** Faux – **5.** Vrai – **6.** Vrai – **7.** Faux : il a lieu au retour des vacances

16 **1.** PASSES – **2.** TIRS – **3.** CENTRES – **4.** FOOTINGS

17 2

18 **1.** e – **2.** a – **3.** d – **4.** c – **5.** b

19a

N	Z	E	Q	U	I	P	E	E
I	U	B	A	L	L	O	N	G
R	T	M	S	T	O	T	P	A
D	R	I	B	B	L	E	R	L
A	C	T	I	O	N	A	C	I
G	A	E	O	S	B	U	T	S
A	M	M	E	L	A	N	I	E
N	P	P	A	S	S	E	R	R
T	S	S	I	F	F	L	E	T

19b Mot mystérieux : PRONOSTICS

20 **Les actions des cinquièmes :** Il dribble un défenseur – Il fait un super tacle. – Il marque un but à la fin de la deuxième mi-temps. – Le gardien repousse le ballon du cinquième joueur aux tirs aux buts. – Ils gagnent le match aux tirs aux buts (5/4).

Les actions des troisièmes : Ils marquent le premier but –
Ils mènent 1-0 à la mi-temps. – Ils tirent deux fois sur les
poteaux. – Il frappe sur la barre transversale.

 Réponse libre

22 **1.** b – **2.** c – **3.** a

23 Réponse libre

Imprimé en Espagne par Cayfosa Impresia Ibérica
Dépôt légal : mars 2015 - Collection n° 41 - Edition n° 06
15/5681/0